AF221031

Hallo liebe Leserinnen und liebe Leser,

es ist nicht selbstverständlich, am Ende einer Schwangerschaft ein gesundes Kind in den Armen halten zu dürfen… Es bleibt ein unbeschreibliches **Wunder.**

Diese Erfahrung durften auch mein Mann und ich erleben. Innerhalb von zwei Jahren haben wir zwei Sternenkinder zur Welt gebracht. Unsere Sternenkinder haben gekämpft… doch ihr Weg war vorbestimmt… aus Liebe haben wir die Beiden gehen lassen… keiner kann uns die wundervolle, kurze gemeinsame Zeit mehr nehmen… und doch bleibt ein großes Loch zurück mit einem unerträglichen Schmerz… eine Antwort auf das **Warum** gibt es nicht und wird es nie geben.

Während des Trauerns und Abschiednehmens ist dieses Buch entstanden. Das Buch kann **nicht** den Schmerz über den Verlust eines Kindes nehmen, aber es kann auf bildliche Weise zeigen, dass wir als Eltern unseren Sternenkindern das Wichtigste in der kurzen Zeit mitgegeben haben – **unsere Liebe**. Diese Liebe wird uns immer wie ein Band verbinden!

Hinter der Geschichte steckt auch viel Wahrheit. Denn als mein Mann und ich erfahren haben, dass wir unsere Kinder verlieren werden, haben wir den Rucksack mit vielen liebevollen Momenten und Gefühlen für unsere Kinder gepackt. Diesen Rucksack haben wir dann unseren Kindern mit auf die Reise über die Regenbogenbrücke mitgegeben. Auch viele weitere Momente im Buch haben wir genauso erlebt. So ist das Buch nicht eine komplett frei erfundene Geschichte, sondern enthält auch einzelne reale Momente.

Dieses Buch ist ein Geschenk an meine **beiden Sternenkinder**. Ich trage sie tief in meinem Herzen – jeden Tag, für den Rest meines Lebens.

Ich wünsche Euch, dass die Geschichte Euch genauso viel Kraft gibt, wie meinem Mann und mir, und dass Ihr mit genauso viel Liebe in den Himmel zu den Sternen schaut und Eure Sternenkinder liebevoll grüßt.

Eure Julia

Bibliografische Information der Deutschen Nationalbibliothek:
Die Deutsche Nationalbibliothek verzeichnet diese Publikation
in der Deutschen Nationalbibliografie; Detaillierte bibliografische
Daten sind im Internet über dnb.dnb.de abrufbar.

© 2022 Julia Koch
mit Illustrationen von Larissa Frank
Herstellung und Verlag: BoD – Book on Demand, Norderstedt

ISBN: 978-3-7562-3719-7

Wie ein kleiner Stern
zu lieben lernt

von Julia Koch

Für unsere Sterne.
Für Lukas und seine Schwester.

Ein kleiner Stern strahlt
jeden Abend am Sternenhimmel.
Er ist noch sehr jung und klein.
So fliegt er nachts am Himmel
und zieht seine Kreise.

Eines Tages fällt dem kleinen Stern auf,
dass er lange nicht so hell leuchtet,
wie die anderen Sterne um ihn herum.

Er bemüht sich fortan genauso
hell zu leuchten wie die anderen.
Es klappt aber leider nicht...

Deshalb wendet sich der kleine Stern an andere Sterne, die deutlich heller leuchten als er selbst. Bei den Gesprächen bekommt er immer die gleiche Antwort zu hören:

„Weißt du, kleiner Stern, die Liebe zu meiner Familie auf der Erde lässt mich warm werden und dadurch strahle ich besonders hell. Durch das helle Strahlen sieht mich meine Familie und sie wissen, dass es mir gut geht. So denken sie immer an mich, wenn sie in den Himmel schauen."
„Das hört sich richtig schön an. Ich möchte so eine Erfahrung auch machen", denkt sich der kleine Stern und fliegt davon.

Der kleine Stern sucht den lieben Gott auf. „Lieber Gott, auch ich möchte wissen, was es heißt geliebt zu werden, so wie es die anderen hellen Sterne auch erlebt haben", sagt der kleine Stern.

Der liebe Gott willigt einem Besuch des Sterns auf der Erde zu. „Wundere dich nicht. Du bekommst auf Erden dein Erdenkleid", ruft der liebe Gott dem kleinen Stern noch nach. Doch der kleine Stern ist so aufgeregt und blickt freudig seinem Besuch auf der Erde entgegen, dass er die letzten Worte vom lieben Gott nur noch im Hintergrund wahrnimmt.

Eines Nachts wacht der kleine Stern auf. Doch
er ist nicht mehr im Himmel. Sofort weiß er,
dass er endlich auf der Erde angekommen ist.

Es ist ganz schön dunkel um ihn herum. Der
kleine Stern schaut sich an und stellt fest, dass
er in sein Erdenkleid geschlüpft ist – als Baby
in Mamas Bauch.

Liebe Stimmen nimmt er wahr, die sich an ihn richten. Sie reden mit ihm, kuscheln mit ihm, lachen und weinen, streiten sich und lieben sich.

WIR FREUEN UNS AUF DICH!

WIR LIEBEN

BALD BIST DU BEI UNS!

SO GROSS BIST DU SCHON!

Der kleine Stern fühlt sich pudelwohl und genießt die Liebe von seiner Mama und seinem Papa. Er blüht immer mehr auf und spürt die Wärme der Liebe zu seinen Eltern wachsen. So etwas Besonderes hat er bisher noch nie gespürt.

Eines Nachts weckt der liebe
Gott den kleinen Stern liebevoll.

„Kleiner Stern", flüstert er,
„hörst du mich?"

„Lieber Gott, ich höre dich",
antwortet der kleine Stern.

„Ich möchte dich daran erinnern, dass deine Zeit auf Erden zu Ende geht", wendet sich der liebe Gott an den kleinen Stern.

„Lieber Gott, bitte schenke mir noch ein bisschen mehr Zeit. Meine Mama und mein Papa lieben mich so sehr. Und ich sie auch. Ich genieße ihre zärtlichen Berührungen. Immer wenn sie lachen, lache ich mit. Immer wenn sie weinen oder sich über etwas ärgern, fühle ich mit. Ich habe etwas ganz besonderes erfahren – die bedingungslose Liebe meiner Mama und meines Papas. Diese Liebe lässt mein Sternenherz richtig warm werden."

„Kleiner Stern", sagt der liebe Gott. „Du hast recht, das sind ganz besondere Erfahrungen."

„Doch die Zeit auf Erden ist immer begrenzt. Manch einer bleibt länger und manch einer geht früher. Du hast die wichtigste Erfahrung gesammelt. Du hast kennengelernt, was es heißt zu lieben und geliebt zu werden. Deshalb wird es Zeit für dich nach Hause zu kommen."

„Ja, das weiß ich, lieber Gott. Und ich bin sehr froh, dass du mich zu so lieben Menschen geschickt hast."

„Genieß noch die letzten Momente und mach dich bereit auf den Weg zurück in den Himmel. Wir sehen uns im Himmel wieder", sagt der liebe Gott zum Abschied.

„Das mache ich, lieber Gott. Bis bald", verabschiedet sich der kleine Stern.

Wenige Tage später erwacht der kleine Stern nachts. Er merkt sofort, etwas ist anders – es kribbelt in ihm. Er weiß, dass es jetzt Zeit ist, sein Erdenkleid hinter sich zu lassen und zurück in den Himmel zu gehen.

Ein letztes Mal zieht der kleine Stern seine Kreise in Mamas Bauch und kuschelt sich zum Abschied noch einmal ganz fest an sie.

„Ich liebe euch und werde immer bei euch sein", flüstert der kleine Stern seinen Eltern zu. „Schaut jede Nacht zum Himmel. Dort werde ich für euch leuchten!"

Über die Regenbogenbrücke schwebt der
kleine Stern zurück in den Himmel.

Am Ende des Regenbogens trifft der kleine
Stern auf den lieben Gott.

„Hallo kleiner Stern, ich freue mich, dass du
wieder zuhause bist." „Hallo lieber Gott, die
Zeit auf der Erde war wunderschön. Danke,
dass du mir diese Erfahrung geschenkt hast",
antwortet der kleine Stern.

Der liebe Gott schaut sich den kleinen Stern genauer an und bemerkt einen Gegenstand auf seinem Rücken. „Was hast du denn auf deinem Rücken?", fragt der liebe Gott.

Der kleine Stern freut sich und schaut den lieben Gott an. „Ich habe einen Rucksack auf meinem Rücken. Der Rucksack ist vollgepackt mit allen wundervollen Erlebnissen und Gefühlen, die ich auf der Erde gesammelt habe."

Der kleine Stern macht den Rucksack
auf und zeigt dem lieben Gott, was er
alles eingepackt hat.
„Schau, lieber Gott. Das alles habe
ich während meinem Besuch auf der
Erde gesammelt:

Lachen, Weinen, Streiten,
Sichversöhnen, Glücklichsein
und vieles mehr.

Damit ich nichts vergesse, habe ich
alles in meinen Rucksack gepackt.
So sind diese wunderschönen
Erlebnisse immer bei mir."

Nach einer kurzen Pause spricht der kleine Stern weiter: „Das Wichtigste allerdings, lieber Gott, trage ich tief in meinem Sternenherz. Die tiefe Liebe, die ich von meiner Mama und meinem Papa auf Erden geschenkt bekommen habe."

„Kleiner Stern, ich bin wirklich begeistert von deiner Idee mit dem Rucksack. Die Liebe für deine Eltern wirst du immer bei dir haben." Der kleine Stern fliegt weiter.

Nun kreist der kleine Stern wieder am Himmel.
Jeden Abend sieht er, wie seine Eltern auf Erden
nach ihm am Sternenhimmel Ausschau halten.

Er spürt die tiefe Liebe in sich und wird ganz warm.
Der kleine Stern leuchtet strahlend hell, glücklich
und voller Liebe am Sternenhimmel.

Er weiß genau, dass auf Erden Menschen sind, die
ihn über alles lieben und ihn nie vergessen werden.

»Wenn du bei Nacht den Himmel anschaust,
wird es Dir sein, als lachten alle Sterne,
weil ich auf einem von ihnen wohne,
weil ich auf einem von ihnen lache.
Du allein wirst Sterne haben, die lachen können!
Und wenn du dich getröstet hast,
wirst du froh sein, mich gekannt zu haben.«

Antoine de Saint-Exupèry

Zur Erinnerung an

„Sternchen"
*† 15. Mai 2021

Lukas Noah
*† 17. Mai 2020

Danksagung

Mein Dank gilt vor allem meinem Mann Marco – zusammen haben wir unsere Sternenkinder Lukas Noah und seine Schwester „Sternchen" gehen lassen. Der Verlust unserer Kinder hat uns noch enger zusammengeführt.
Voller Liebe denken wir an unsere beiden Kinder.
Auch unseren Familien und Freunden möchte ich Danke sagen. Sie begleiteten uns durch die schwere Zeit und waren immer für uns da.
Einen großen Dank möchte ich direkt meiner Freundin Larissa widmen. Larissa hat mich dabei unterstützt die Geschichte visuell umzusetzen – gemeinsam mit mir entstand so dieses wundervolle Buch.

Ein weiterer Dank gilt drei besonderen Frauen:
Silvia, Frau Kohmann und Michaela. Alle drei standen in der schweren Zeit des Abschiednehmens an unserer Seite. Sie trösteten uns und gaben uns Kraft und Zuversicht.
Zuletzt möchte ich dem Fotografen der Organisation von „Dein-Sternenkind" danken, der unseren Lukas auf liebevolle Weise festgehalten und so eine wundervolle Erinnerung für uns geschaffen hat.

Julia Koch